Nn

Maria Puchol

Abdo
EL ABECEDARIO
Kids

abdopublishing.com

Published by Abdo Kids, a division of ABDO, PO Box 398166, Minneapolis, Minnesota 55439.
Copyright © 2018 by Abdo Consulting Group, Inc. International copyrights reserved in all countries.
No part of this book may be reproduced in any form without written permission from the publisher.
Printed in the United States of America, North Mankato, Minnesota.
102017
012018

THIS BOOK CONTAINS
RECYCLED MATERIALS

Photo Credits: iStock, Shutterstock

Production Contributors: Teddy Borth, Jennie Forsberg, Grace Hansen

Design Contributors: Christina Doffing, Candice Keimig, Dorothy Toth

Publisher's Cataloging in Publication Data

Names: Puchol, Maria, author.

Title: Nn / by Maria Puchol.

Description: Minneapolis, Minnesota : Abdo Kids, 2018. | Series: El abecedario |
     Includes online resource and index.

Identifiers: LCCN 2017941869 | ISBN 9781532103131 (lib.bdg.) | ISBN 9781532103735 (ebook)

Subjects: LCSH: Alphabet--Juvenile literature. | Spanish language materials--Juvenile literature. |
     Language arts--Juvenile literature.

Classification: DDC 461.1--dc23

LC record available at https://lccn.loc.gov/2017941869

Contenido

La Nn

A **N**adia le gusta la **n**ieve

de **n**oviembre.

La Nn

Nico **no** co**n**oce **N**oruega, un país **en** el norte de Europa.

La Nn

Ni**n**a **nun**ca ha visto u**n**a **n**utria e**n** la **n**aturaleza.

La Nn

La **n**iebla so**n** **n**ubes muy bajas.

11

La Nn

A **N**ayeli **n**o le gusta el color **n**aranja **n**i el **n**egro.

13

La Nn

Nadie sabe el **n**ombre de **n**uestra **n**ovela.

La Nn

Nicolás está **n**ervioso porque **n**o sabe **n**adar.

La Nn

No hay **narrador** para el teatro de esta **n**oche.

La Nn

¿Qué so**n** el cuatro, el u**n**o
y el diez?

(**n**úmeros)

20

Más palabras con **Nn**

nueces

nariz

Nigeria

navegar

Glosario

narrador
persona que en voz alta lee un libro
o cuenta una obra de teatro.

norte
uno de los cuatro puntos cardinales;
los otros son sur, este y oeste.

Índice

abdokids.com

¡Usa este código para entrar en abdokids.com y tener acceso a juegos, arte, videos y mucho más!

Código Abdo Kids:
EAK2998